ÉLOGE

DE

M.ᵣ MICHEL,

DIRECTEUR D'ÉCOLE SECONDAIRE

ET

MEMBRE DE L'ACADÉMIE DE NANCY,

PAR M. BLAU,

Membre de la même Académie.

Multis ille bonis flebilis occidit. HOR.

A NANCY,

De l'Imprimerie de VIGNEULLE, Imprimeur de l'Académie,
rue J.-J. Rousseau, n.° 176.

AN 1808.

ÉLOGE
De M.ʳ MICHEL,

Directeur d'École Secondaire et Membre de l'Académie de Nancy.

Sɪ la gloire doit former le magnifique domaine des esprits supérieurs, dont les ouvrages immortels exciteront l'admiration de la postérité la plus reculée, le modeste apanage de l'estime publique appartient aux esprits plus utiles que brillants, dont les travaux ont une grande influence sur la société. Entre les différentes professions dignes de ce tribut honorable, l'enseignement de la jeunesse tient un des premiers rangs, et son importance lui permet d'en réclamer une part légitime. Eh ! quelle autre récompense pourroit soutenir l'Instituteur au milieu de ses pénibles fonctions, adoucir l'amertume de sa vie laborieuse, et lui inspirer le courage nécessaire pour marcher d'un pas ferme dans une carrière hérissée d'épines ? La porte des honneurs et de la fortune lui est fermée ; rarement une perspective riante s'ouvre à ses regards. Mais la considération publique, précieux héritage qu'il est jaloux de léguer à sa famille, voilà l'objet de sa louable ambition, voilà le but où tendent ses vœux les plus chers. Qui mérita mieux ce juste dédommagement de tant de soins et de veilles, que le respectable Instituteur dont nous avons à déplorer la perte récente ? Ses nombreux services pendant trente années d'enseignement, ses vertus, son caractère, lui ont concilié la bienveillance générale, et augmentent les regrets de ses concitoyens. Foible disciple de ce maître habile, à l'école duquel je m'applaudis d'avoir puisé les leçons de mon jeune âge, ces dispositions favorables m'enhardissent à lui rendre un dernier hommage dicté par l'amitié et par la reconnoissance. Heureux si je parviens à le peindre avec les traits aimables profondément gravés dans tous les cœurs !

Jean-François Michel naquit à Nancy, en 1755, de parents qui, malgré leur peu de fortune, lui procurèrent une éducation soignée. Il commença ses études, au collége de sa ville natale, sous une Société célèbre dans les annales de l'instruction publique, et les acheva sous les Séculiers, dignes successeurs de ses premiers maîtres. S'il jouit de l'inestimable avantage d'avoir d'excellents professeurs, un Larcher, un Ferlet, un Massieu, qu'il suffit de nommer, son travail opiniâtre et ses progrès rapides, signalés chaque année par de nouveaux triomphes, prouvèrent qu'il méritoit de les entendre.

Bientôt les talents précoces et la sage conduite de M. Michel le portèrent à deux places honorables. M. de Solignac, Secrétaire perpétuel de l'Académie de Nancy, le fit son secrétaire particulier, et, loin de se repentir de lui avoir accordé sa confiance, la lui conserva jusqu'à la mort.

M. de Fériet, Conseiller d'Etat, le chargea de l'éducation de son fils, et n'eut qu'à se louer d'un si bon choix. Le nouveau précepteur déploya le plus grand zèle dans cet emploi délicat, et ne démentit point l'idée qu'on avoit conçue de son mérite. Mais la position critique où se trouvoient son père et sa mère, ne lui permit pas de recueillir le fruit de ses soins, et le força d'interrompre un ouvrage heureusement commencé. La piété filiale parlant plus haut que toute considération personnelle, il se sacrifia pour ses parents, embrassa un état pénible dont il leur fit partager les avantages, et ne les quitta point qu'une lente vieillesse ne les éteignît entre ses bras.

Le pensionnat et l'école qu'il ouvrit à l'âge de vingt et un ans, ne tardèrent pas à se remplir de nombreux élèves, attirés par son habileté dans l'enseignement et par sa douceur inaltérable. Des exercices publics qui confirmoient la bonté de sa méthode, et des prix annuels distribués avec une grande solennité, rendirent ses classes très-florissantes et rivales des établissements publics protégés par le Gouvernement. L'affluence de ses élèves s'est toujours soutenue jusqu'à l'époque fatale, où la barbarie, éteignant le flambeau des sciences et des arts, s'efforçoit de plonger la France dans les ténèbres de l'ignorance la plus grossière. En vain M. Michel, fort de sa réputation, lutta contre le torrent; il fut contraint de céder, et eut la douleur de fermer son école désertée. Chargé d'une famille nombreuse qui réclamoit son assistance, condamné à une triste inaction qui le privoit de toute ressource, ce bon père, s'oubliant lui-même et uniquement occupé des objets de son amour, gémissoit secrètement de ne voir pour eux qu'un avenir sinistre, dont ses tendres alarmes exagéroient l'horreur.

La Providence, qui veille toujours sur les hommes de bien et se borne à les éprouver par le malheur, daigna mettre un terme à une si cruelle situation.

La voix publique le désigna aux Représentants en mission dans notre département; ils le nommèrent Directeur particulier des domaines nationaux et l'envoyèrent à Trèves. Cette direction, créée pour les pays conquis, ouvroit la porte aux vexations de tout genre, et offroit à la cupidité les moyens faciles de s'enrichir impunément. Malgré les besoins pressants de sa famille, M. Michel ne prend conseil que de la vertu, s'entoure d'employés connus par leur désintéressement, et emporte les bénédictions d'un peuple que le nom seul de la direction avoit fait trembler. Plusieurs de ses employés, remplissant aujourd'hui des places honorables, et les attestations des principaux habitants de Trèves, sont les témoins irrécusables de son intégrité.

Après avoir occupé un an ce poste périlleux, où la vertu est exposée à des tentations toujours renaissantes, il eut le bonheur de quitter cette espèce d'exil et de revoir ses chers compatriotes. Alors il fut nommé Régisseur de la Maison de

Secours, et l'administra trois ans et demi avec une probité d'autant plus admirable qu'elle étoit devenue plus rare. Les Régisseurs précédents avoient dilapidé le bien des pauvres ; l'hospice étoit dans un dénûment déplorable. Graces à la vigilance infatigable de M. Michel, les anciens désordres sont réparés ,l'hospice prend une face nouvelle , et le pauvre étonné bénit son sauveur. Un seul trait suffira pour donner une idée de sa délicatesse scrupuleuse. Il avoit rendu ses comptes et le Gouvernement les avoit apurés ; mais en les revoyant il découvrit une erreur considérable à son profit. Loin d'en tirer avantage , comme il le pouvoit avec impunité , il s'empressa de l'indiquer et de la réparer dans le compte suivant.

Enfin arrive l'époque après laquelle il avoit toujours soupiré, époque heureuse qui va le rendre à ses occupations chéries. Avec quel transport il revoit cette jeunesse, l'objet de ses tendres sollicitudes ! Comme il tremble qu'une seconde tempête ne l'arrache de ses bras paternels ! Rassurez-vous, généreux Instituteur, rien ne pourra plus vous séparer de vos enfants. Vous goûterez la douce satisfaction de leur prodiguer vos soins affectueux, et de recevoir les témoignages non équivoques de leur vive reconnoissance ; mais l'excès de vos fatigues abrégera votre carrière , et vous laissera le regret de ne pouvoir prolonger des jours que vous leur aviez consacrés.

Les services importants rendus par M. Michel à l'instruction publique ne devoient pas rester

(5)

sans une juste récompense. Dès qu'ils parvinrent
à la connoissance du Directoire, M. François de
Neufchâteau, Ministre de l'intérieur, le créa Directeur du Pensionnat que le Gouvernement établit
près l'école centrale du Département de la Meurthe.
A l'époque de l'organisation des Lycées, les admi-
nistrations se firent un devoir de l'appeler le premier
à la Direction d'une École Secondaire. Cette double
nomination sembla donner un nouveau ressort à
son incroyable activité. Il travailla au perfection-
nement de sa méthode, et la rendit plus raisonnée,
sans nuire à la simplicité et à la clarté qui la
distinguoient. Persuadé avec raison que l'usage
est un guide trompeur, même pour la langue
maternelle, s'il n'est appuyé sur une bonne théorie,
il jugea nécessaire de joindre à l'étude du Grec
et du Latin une étude trop négligée dans la plu-
part des écoles, je veux dire, celle de la langue natio-
nale, à laquelle les anciens attachoient la plus
haute importance. Le Français devint une partie
essentielle de son enseignement, et le succès justi-
fia cette innovation.

M. Michel, songeant plus à bien faire qu'à
bien dire, s'étoit contenté de publier quelques
ouvrages élémentaires, utiles aux commençants :
deux éditions *in-12* des *Colloquia familiaria* d'É-
rasme, l'une en 1782, l'autre en 1788 ; le *De
Nuce* d'Ovide, *in-8.º* en 1802 (1), avec les commen-
taires choisis d'Érasme et de Burmann. Cependant

____

(1) Cet Ouvrage se trouve à Nancy, chez la Veuve
de l'Auteur, rue des Ponts.

(7)

l'Académie de Nancy, frappée du grand nombre
d'élèves distingués, sortis des mains de cet habile
Instituteur, et convaincue que le loisir seul lui
avoit manqué pour se produire comme écrivain,
s'empressa de l'adopter, lors de son rétablissement.
M. Michel, brûlant d'acquitter la dette qu'il
sembloit avoir contractée envers la Société littéraire,
et de contribuer en même temps aux progrès de
ses élèves qu'il ne perdoit pas de vue, composa,
l'an 8, des *Éléments de Grammaire générale*, *spé-
cialement appliqués à la Langue française*, (2)
et les perfectionna dans une seconde édition,
publiée l'an 9, et considérablement augmentée.
Cette Grammaire, fruit d'une longue expérience,
est divisée en trois parties graduées sur les forces
des étudiants. Elle annonce un maître consommé
dans l'art de rendre palpables les principes les plus
abstraits et de les proportionner à la plus foible intelli-
gence. Le respectable abbé Sicard écrivit à l'auteur
pour le féliciter de l'heureuse exécution d'un livre
dont il avoit fourni le modèle. Son dernier écrit
intitulé : *Dictionnaire des Expressions vicieuses*,
usitées dans un grand nombre de Départements,
*et notamment dans la ci-devant Province de
Lorraine*, parut en 1807, et fut loué par les
Journaux les plus accrédités. Il a pour but d'épurer

---

(2) Cette Grammaire, ainsi que le Dictionnaire
dont il est parlé plus bas, se trouve à Nancy, chez
la Veuve de l'Auteur, et chez Vigneulle, Imprimeur,
rue J.-J. Rousseau.

la Langue française , en indiquant les fautes que
commettent et les gens de toute condition et
même les personnes instruites.

M. Michel se proposoit de donner à ces deux
ouvrages un plus grand degré de perfection et
d'en composer d'autres , inspirés par son amour
insatiable du bien public , quand une mort pré-
maturée vint l'arrêter au milieu de ses utiles
projets. Ce coup fatal, véritable calamité , laissa
un vide difficile à remplir. Toute la Ville re-
gretta vivement le père et l'ami de la jeunesse.
Le Conseil municipal de Nancy consigna dans
un procès-verbal la douleur de la Commune. Un
cortége immense de citoyens éplorés se pressoit
autour de son cercueil et l'accompagnoit dans un
recueillement religieux. Parmi eux on distinguoit
ses disciples consternés d'une séparation si imprévue.
Quelle éloquente oraison funèbre, que les pleurs
sincères échappés des yeux de tous les assistants !
Je pleurois aussi avec eux. Mais pardonnez, ô
mon maître , ô mon ami, si le souvenir de la
perte récente de mon bienfaiteur vous a dérobé
quelques larmes. Vous le connoissiez, comme moi,
ce prêtre vénérable, ce modèle des chrétiens,
connu sous le nom touchant du Père Munier.
Vous savez s'il mérite d'être regretté. Vos cœurs
étoient faits pour s'apprécier mutuellement. Il
vous a confié plusieurs enfants disgraciés de la
fortune en qui il remarquoit d'heureuses dispositions, et vos soins désintéressés ont pleinement
répondu à sa confiance. Tous deux vous m'avez

formé par vos leçons et par vos exemples ; tous deux vous partagerez mon éternelle reconnoissance. Foible imitateur de vos vertus, je ne marche encore que de loin sur vos traces. Puisse l'impression salutaire de votre pompe funèbre ne jamais s'effacer de mon esprit, me rappeler sans cesse à mes devoirs, et me rendre digne de vivre dans la mémoire de mes Concitoyens !